침묵의 성모

프란치스코 교황의 성모 신심

옮긴이의 말

"오 하느님, 그 어떤 것도 당신과의 이 고요한 순간을 방해하지 않게 해주십시오"(아빌라의 데레사).

현대의 우리는 바쁩니다. 바빠서 '비지-니스'(busy-ness)라더군요. 끊임없이 일정과 약속으로 시간을 꽉 채우는 세상입니다. 온갖 '해야 할' 일들이 우리를 빈 시간 빈 공간 안에서 고요하게 머물지 못하게 합니다. 성직자 수도자도 바쁩니다. 하느님 나라가 바쁜 나라일까요?

별의별 볼거리와 소리가 우리를 가만히 있지 못하게 합니다. 집에서마저 온갖 소리와 이미지에 사로잡혀 있습니다. 그래서 오히려 눈먼 이가 되고 귀먹은 이가 되어버렸습니다.

"온갖 색깔들이 사람 눈을 멀게 하고, 온갖 소리가 사람 귀를 먹게 하고 온갖 맛이 사람 입을 버리게 한다. 말 타고 사냥하는 것은 사람 마음을 미치게 하고, 얻기 어려운 재물은 사람 행동을 그르치게 한다"(도덕경 12장).

2,500년 전에 이미 노자는 색깔과 소리가 넘쳐나는 세태를 경계했습니다. 우리는 너무 많은 창(Windows: TV, 모니터, 휴대폰)에 둘러싸여 넘쳐나는 정보들에 허덕이며 헤매고 있습니다. 우리는 진정 매체의 창들에서 자유로운가요? 현대인들에게 가장 어려운 일은 '아무것도 안 하고 가만히 있는 것'입니다. 어떻게 자신을 비울지 모르기 때문입니다.

정보 과잉의 시대입니다. 넘쳐나는 말과 글이 판단을 흐리게 합니다. 정보가 너무 많아 결정을 못합니다. 온갖 소리와 이미지와 영상이 욕망을 뒤흔듭니다. 잠 못 들게 합니다. 속 시끄럽습니다. 영혼이 병들어갑니다.

"너희는 멈추고 내가 하느님임을 알아라"(시편 46,11).

속 시끄러운 영혼을 치유하기 위해서는 우선 입을 닫아야 합니다. 영혼을 정화하기 위한 내적 수고는 오로지 침묵 안에서만 가능합니다. 침묵은 우리가 계속 움직여야 할 때 "멈추고 머물라"고 초대합니다. 침묵의 시간은 우리에게 단련의 기회를 마련해줍니다. 더 근본적으로 침묵은 온전히 하느님만을 신뢰하는 기회를 제공합니다. 예수님이 광야에서 홀로 침묵한 시간, 공생활 중에도 날마다 혼자 외딴곳에 머문 시간은 온전히 하느님과 마주하기 위한 시간이었습니다. 하느님을 아버지로서 만나고 그분과 온전히 하나 되는 침묵이었습니다. 그 침묵 안에서 오로지 '아빠 하느님'만이 그 어떤 것보다 우선하는 최우선이 된 것입니다.

"그의 어머니는 이 모든 일을 마음 속에 간직하였다"(루카 2,51).
성모님이야말로 침묵의 본보기이십니다. 〈침묵의 성모〉는 우리에게 입을 잠시 닫으라고 초대하십니다. 하고픈 말, 쓰고픈 글, 하려는 행동, 온갖 떠오르는 생각들을 멈추고 주님을 바라보라고 초대하십니다. 잠시 침묵 속에 머무른 후 다시 주님의 시선으로 생각하고 말하고 움직이라고 초대하십니다. 그래도 침묵하기 어려운 우리를 위해 기도하고 계십니다.

중요 공지

〈침묵의 성모〉 성화는 사본으로 제작되거나 판매되지 않습니다. 사람들이 이 아름다운 천상 모후의 이미지를 상업적으로 이용하거나 개인적 취향의 대상으로 삼아 '침묵'의 영성도 모른 채 그저 장식용 '물건'으로 취급하는 것을 막기 위해서입니다. 성화에서 침묵의 성모님은 손가락으로 입술을 가리며 조용히 기도하라고 초대하십니다. 에밀리아노 안테누치 신부님의 축복 기도를 전합니다.

"침묵 속에서 성모님의 전구를 통해 예수님의 이름으로 여러분을 축복합니다."

예수회
이진현 라파엘 신부

차례

옮긴이의 말	4
〈침묵의 성모〉 성화 연대기	10
침묵의 성모께 봉헌하는 기도	14
침묵의 성모께 전구하는 기도	16
12가지 침묵의 덕행을 청하는 기도	18

침묵의 성모께 전구하는 9일 기도

9일 기도 순서	26
침묵의 성모께 전구하는 9일 기도	27
삼종기도	28
성령송가	30
침묵의 열매	32
마침기도	38

침묵의 묵주기도

침묵의 묵주기도 순서 42

1단 겟세마니 순명의 신비 46

2단 기도의 신비 48

3단 예수 그리스도 수난의 신비 50

4단 마리아가 하느님의 외아드님을 돌보신 신비 52

5단 마리아가 믿은 하느님 신앙의 신비 54

기도합시다 56

희망의 성모 호칭기도 58

마침기도 66

〈침묵의 성모〉 성화 연대기

2008년 11월 1일

카푸친 작은형제회의 에밀리아노 안테누치(Emiliano Antenucci) 수사 신부가 "침묵, 침묵으로 말하다"라는 제목으로 '침묵 수련 과정'을 진행하기 위해 첫 소책자 《생명의 책》을 썼다.

2010년 2월 26일-28일

페루자주 폴리뇨에서 첫 번째 침묵 수련 과정이 열렸고, 아브루초주에서 두 번째 과정이 열렸다. 아브루초주는 탁월한 침묵의 은수자였던 모로네산의 성 피에트로(San Pietro del Morrone, 1215-1296)가 교황 첼레스티노 5세*로 선출되기 전 살았던 곳이

---

* 역자 주: 자발적으로 물러난 최초의 교황이다. (재위 기간: 1294년 7월 5일-12월 13일) "교황도 스스로 자리에서 물러날 권리가 있다"라는 마지막 교령에서 사임 이유를 다음과 같이 밝혔다. "겸손, 순수한 삶, 흠 없는 양심에 대한 원의, 육체적 약함과 무지함, 심술궂은 사람들, 고요했던 이전 삶으로의 복귀." 이후 719년이 지난 2013년 2월 28일 베네딕토 16세가 온전한 자유의지로 교황직을 사임하였다.

기도 하다.

〈침묵의 성모〉 성화는 에밀리아노 안테누치 신부가 제작을 의뢰하여, 피에몬테주 노바라시의 호숫가 소도시인 오르타 줄리오에 거주하는 베네딕토회 수녀들이 9개월 동안 새기고 그려서 완성하였다.

2011년 6월 13일
〈침묵의 성모〉 성화가 아브루초주 페스카라현 펜네의 카푸친 작은형제회 수도원에 도착했다.

2012년 3월 17일-18일
멕시코 과달라하라에서 마그다 나바 산도발이 남편과 함께 침묵 수련 과정을 시작했다. 이와 더불어 스페인어와 영어로 《침묵의 길(The Way of Silence)》을 발간하여 세계 각국에 〈침묵의 성모〉를 알리기 시작했다.

2015년 5월

프란치스코 교황은 〈침묵의 성모〉 이콘 한 점을 선물 받고 매우 마음에 들어하며, 성화를 성 다마소 안뜰의 사도궁 현관에 있는 승강기 두 대 사이에 걸도록 하였다. 이곳은 교황과 면담하러 가는 모든 이가 지나쳐가는 곳이다.

2015년 5월 18일

프란치스코 교황은 〈침묵의 성모〉 성화를 축성하며 "주님 곁에서 전구하시는 동정 마리아님, 이 사도궁에 들어오는 모든 이가 언제나 올바른 말을 할 수 있게 하소서"라는 지향의 기도를 바쳤다.

2016년 6월 15일

에밀리아노 신부가 프란치스코 교황과 만났다. 수요 일반 알현 후 교황은 〈침묵의 성모〉 성화의 원본을 축성하면서 그림 뒷면에 "다른 사람들을 험담하지 마십시오"라는 문구를 직접 써넣었다.

2017년 11월 22일

에밀리아노 신부와 침묵 수련 팀이 수요 일반 알현 후 교황을 만나 에파타 출판사에서 발간한 책 《침묵의 길》을 선물했다. 에파타는 "열려라!"(마르 7,34)라는 예수님 말씀으로, 침묵 수련 과정의 결실이 이 말씀에 담겨 있다.

2017년 11월 28일

교황청 국무원은 에밀리아노 신부와 수도회 형제들, 그리고 그들의 사목적 돌봄을 받는 이들을 위해 교황이 직접 작성한 '교황 축복장'을 전달했다.

침묵의 성모께 봉헌하는 기도

침묵의 동정녀이시며 어머니이신 마리아여,

제 온 삶을 당신께 봉헌하오니

저를 위해 돌아가시고 부활하신

당신 아들 예수님의 얼굴을

저희 마음에 깊이 새겨주소서.

천사의 기쁜 소식에 당신은

"그대로 이루어지소서"라고 응답하셨고,

카나의 혼인 잔치에서 당신은

주님께서 이르신 대로 하라고 일러주셨으며,

십자가 아래서 당신은

성부께 순명하신 예수님과 일치하는 모범을 보여주셨나이다.

은총의 중개자이신 침묵의 동정녀시여,

제가 진실되이 회개하고,

굳건히 소명을 살아갈 힘을 주소서.

지극히 영롱한 이슬이신 마리아여,
저를 거룩함의 작품으로 삼으시어
그리스도 성혈의 고귀한 사랑을 이루소서.

침묵의 성전이신 마리아여,
"두려워하지 마라, 너는 내 아들 내 딸,
천주 성부께서 너를 사랑하신다."
이 기도가 제 안에 울려 퍼지게 하소서.

성모 마리아여,
구원의 닻이요, 하늘과 땅 사이의 다리이신 분,
천사들과 성인들과 함께 저를 이끄시어
지상에 하느님 나라를 세우게 하소서.
그리하여 지극히 거룩하신 삼위의
항구한 현존 안에 살게 하시고
저 자신과 타인을 위해 천상 예루살렘의
영원한 평화와 기쁨을 소망하게 하소서. 아멘.

침묵의 성모께 전구하는 기도

오, 마리아님, 침묵의 동정녀이며 성전이시여,
제 온 생애를 당신께 봉헌하나이다.
끊임없는 기도의 모후시여,
당신께서는 저희 구원을 위해 희생되신,
흠 없는 어린양 어린 말씀을 존경하고 사랑하였으니,
저희가 드리는 찬미의 근원이시옵니다.
당신께서 저를 지탱하시어,
제가 하늘 향해 손을 들어 주님을 찬송하고,
원수의 공격에 맞서
사람들의 기쁨과 수고를 당신께 봉헌하게 하소서.

기쁨의 샘이며 샛별이시여,
그리스도인의 길을 비춰주시어
언제나 경이로운 생명의 빛으로
저희 마음의 눈을 열어주소서.

십자가 아래 사랑의 증언자이신 마리아님,

하느님이 원하시는 대로 제가 사랑하도록 도와주시어

천사들과 성인들과 함께

영원한 행복 속에서 살게 하소서.

아멘.

12가지 침묵의 덕행을 청하는 기도

1. 침묵

침묵의 동정녀이신 마리아여,

당신께 내적 침묵의 선물을 청하오니

제 안에서 하느님의 목소리를 듣게 해주소서. 아멘.

은총이 가득하신 마리아님 … (성모송)

2. 경청

경청의 동정녀이신 마리아여,

당신 아들 예수님의 십자가와 빛의 말씀을

듣고 실천할 믿음을 저에게 주소서. 아멘.

은총이 가득하신 마리아님 … (성모송)

3. 겸손

겸손한 어머니이신 마리아여,

저는 하늘과 땅의 반죽이오니

이웃을 향한 온유함과

하느님을 향한 거룩한 겸손함을 제게 주소서. 아멘.

은총이 가득하신 마리아님 … (성모송)

4. 기쁨

기쁨의 어머니이신 마리아여,

제 영혼이 하느님 사랑의 놀라움을 찬미하게 하소서. 아멘.

은총이 가득하신 마리아님 … (성모송)

5. 주목

성자께 집중한 동정녀이신 마리아여,

제가 하느님께 집중하고

주위 형제자매들을 주목하게 하소서. 아멘.

은총이 가득하신 마리아님 … (성모송)

6. 기다림

기다림의 동정녀이신 마리아여,

제가 인내롭고 성실하게

하느님의 때를 기다리는 법을 알게 하시어,

오직 하느님의 뜻만을 이루게 하소서. 아멘.

은총이 가득하신 마리아님 … (성모송)

7. 분별

분별력의 동정녀이신 마리아여,

제가 침묵과 말, 휴식과 일,

기도와 사도직 사이를 분별하게 하소서. 아멘.

은총이 가득하신 마리아님 … (성모송)

8. 온유

온유한 동정녀이신 마리아여,

천상 모후의 성심과

온유하고 겸손한 당신 아드님의 성심을

제 마음에 심어주시어

천주 성부께 아낌없이 순명하게 하소서. 아멘.

은총이 가득하신 마리아님 … (성모송)

9. 항구함

항구함의 동정녀이신 마리아여,

제 마음과 정신이 항구하기를 청하오니

날마다 제 십자가를 안고

골고타와 타보르산의 길을 걷게 하소서. 아멘.

은총이 가득하신 마리아님 … (성모송)

10. 순수

지극히 순결한 동정녀이신 마리아여,

저에게 순수한 마음을 주시어

모든 피조물을 향한 진실한 호의와 사랑이

제 마음에 가득 차게 하소서. 아멘.

은총이 가득하신 마리아님 … (성모송)

11. 신뢰

신뢰하는 어머니이신 마리아여,

저에게서 낙담과 슬픔을 떼내주시고

대신 평화와 기쁨과 희망을 심어주소서.

하느님에 대한 신뢰가 기적을 행할 수 있게 하소서. 아멘.

은총이 가득하신 마리아님 … (성모송)

12. 자비

자비로운 어머니이신 마리아여,

당신의 망토 아래서 저의 온 생애가

평화와 용서와 자비의 도구가 되게 하소서. 아멘.

은총이 가득하신 마리아님 … (성모송)

침묵의 성모께
전구하는 9일 기도

9일 기도 순서

1. 침묵의 성모께 전구하는 9일 기도

2. 삼종기도

3. 성령송가

4. 각 날에 해당하는 '침묵의 열매' 묵상

5. 마침기도

침묵의 성모께 전구하는 9일 기도

성모 마리아님,

한없는 신뢰로

당신께 의탁하나이다.

당신의 손을 주님께 뻗으시어

자비 가득한 어머니의 눈으로 주님을 바라보시고

연민 가득한 목소리로 주님을 격려하시나이다.

주님께 당신 마음을 여시어

주님을 위해 극심한 고통을 겪으셨나이다.

주님은 아시나이다.

성모님이 얼마나 주님을 사랑하시는지

아니, 주님은 모르시나이다.

주님이 생각하는 것보다 훨씬 더

성모님이 주님을 사랑하신다는 것을.

프랑수아 폴리엥 (기르투시오 회 수도승)

삼종기도

○ 주님의 천사가 마리아께 아뢰니
● 성령으로 잉태하셨나이다.

(성모송)

○ "주님의 종이오니
● 그대로 제게 이루어지소서!"

(성모송)

○ 이에 말씀이 사람이 되시어
● 저희 가운데 계시나이다.

(성모송)

○ 천주의 성모님, 저희를 위하여 빌어주시어
● 그리스도께서 약속하신 영원한 생명을 얻게 하소서.

기도합시다.

하느님, 천사의 아룀으로

성자께서 사람이 되심을 알았으니

성자의 수난과 십자가로

부활의 영광에 이르는 은총을

저희에게 내려주소서.

우리 주 그리스도를 통하여 비나이다.

아멘.

성령송가

오소서 성령님,
당신의 빛 그 빛살을 하늘에서 내리소서.

가난한 이 아버지, 은총의 주님,
오시어 마음에 빛을 주소서.

가장 좋은 위로자, 영혼의 기쁜 손님,
생기 돋워주소서.

일할 때에 휴식을,
무더울 때 바람을,
슬플 때에 위로를.

지복의 빛이시여,
저희 맘 깊은 곳을 가득히 채우소서.

주님 도움 없으면 저희 삶 그 모든 것
이로운 것 없으리.

허물은 씻어주고 마른 땅 물 주시고
병든 것 고치소서.

굳은 맘 풀어주고 찬 마음 데우시고
바른 길 이끄소서.

성령님을 믿으며 의지하는 이에게
칠은을 베푸소서.

공덕을 쌓게 하고 구원의 문을 넘어
영복을 얻게 하소서.
아멘.

침묵의 열매

첫째 날: 신뢰

오, 침묵의 동정녀요 신뢰의 모후이신 마리아님,

실의와 절망과 나태를 멀리하여 제 삶을 바로잡고

당신 아들 예수님이 저를 위해 마련하신

사랑의 사명을 이루기 위해

날마다 헌신하게 하소서. 아멘.

둘째 날: 경청

오, 침묵과 경청의 동정녀이신 마리아님,

하느님 뜻에 반항하고 귀먹고 거역하는 제 마음을

당신 성심과 아드님 예수 성심 안에 내놓나이다.

오, 빛의 모후시여,

은총을 향해 열린 마음, 유순한 마음,

사랑으로 확장된 마음,

하느님의 초대에 기꺼이 응답할 의지를 제게 주소서. 아멘.

셋째 날: 겸손

오, 침묵의 동정녀요 겸손의 모후이신 마리아님,

하늘과 땅이 어우러져 빚어진 제 영혼을

육화의 신비로 풍요롭게 만드시어,

다른 사람들에게

빛과 사랑의 열매를 선사하게 하소서. 아멘.

넷째 날: 일치

오, 침묵의 동정녀요 일치의 모후이신 마리아님,

제 마음과 제 생명이

죄와 미움과 죽음으로 찢겨 부서졌나이다.

위로의 어머니시여,

제가 현재의 모든 순간에

평화와 일치의 도구가 되게 하소서. 아멘.

다섯째 날: 희망

오, 침묵의 동정녀요 희망의 모후이신 마리아님,

저에게 믿음과 희망과 사랑이 부족해지는 일이 없게 하소서.

온전히 순수하고 선하게 낙관樂觀할 수 있는

내면의 눈을 주시어,

제가 모든 사람과 매일의 사건 안에서

하느님을 뵐 수 있게 하소서. 아멘.

여섯째 날: 자유

오, 침묵의 동정녀요 승리의 여왕이신 마리아님,

과거와 현재와 미래의 모든 잘못에서 저를 해방시켜

자유로운 마음을 주시어

당신 천상 망토의 보호와

예수님 사랑의 경이로움을

찬미하게 하소서. 아멘.

일곱째 날: 평화

오, 침묵의 동정녀요 평화의 모후이신 마리아님,

저희 마음과 가정과 공동체에 평화를 주소서.

"하늘 높은 데서는 하느님께 영광,

땅에서는 주님께서 사랑하시는 사람들에게 평화!"

천사들이 알린 평화의 임금 탄생 소식이

언제나 저희 안에 울려 퍼지게 하소서. 아멘.

여덟째 날: 기쁨

오, 침묵의 동정녀요 기쁨의 모후이신 마리아님,

제게서 슬픔, 타성, 피상성을 거두어주소서.

"기뻐하여라, 마리아야…" (각자 침묵 속에 자기 이름을 말할 수 있다).

가브리엘 대천사의 인사가,

저희를 매일 아침 빛에 눈 뜨게 하듯, 당신의 기쁨으로,

저희 얼굴과 저희가 만나는 이들의 얼굴을 비추소서. 아멘.

아홉째 날: 사랑

오, 침묵의 동정녀요 지극한 사랑의 모후이신 마리아님,

진실하고 대가를 바라지 않는

영원한 사랑을 저희에게 가르쳐주소서.

생명과 창조와 아름다움을 향해 열려 있는

애정어린 시선을 저희에게 주소서. 아멘.

마침기도

성모 마리아님,

신비로운 침묵과 평화의 동정녀시여,

당신은 지극한 슬픔 속에서도 말씀이 그친 그 자리,

성자께서 누워 계신 무덤 곁에서

어둠 가운데 참빛이 솟아오르기를,

땅에서 참생명이 싹터 오르기를,

다시는 해가 지지 않을 새벽을,

새 인류 탄생의 순간을 굳게 믿으시고

밤새 깨어 기다리셨나이다.

그 기다림 끝에 부활하신 당신 아드님에게서

구원받은 인간의 새 얼굴을 보시고,

평화의 새 인사를 들으시며,

영광의 새 노래를 부르셨나이다.

성령의 동정녀이시며 교회의 성상이시여,

저희를 위하여 빌어주소서.

주님의 말씀에 대한 당신의 믿음으로

저희를 위하여 빌어주소서.

주님의 나라에 대한 당신의 희망으로

저희를 위하여 빌어주소서.

하느님과 인류를 향한 당신 사랑으로

저희를 위하여 빌어주소서.

천주의 모후, 영광 가득하신 성모님,

믿음으로 복되시며 지극히 경건하신 여인이여,

영원토록 찬미드리나이다.

아멘.

(1991년 성금요일, 성 요한 바오로 2세가 인도한 십자가의 길 기도에서)

침묵의 묵주기도

침묵의 묵주기도 순서

1. 성호경을 긋고, 사도신경을 1번 바칩니다.

2. 주님의 기도 1번, 성모송 3번, 영광송 1번을 바칩니다.

3. 1단 겟세마니 순명의 신비에 해당하는 성경 말씀과 '묵상 안내'를 읽고 잠시 묵상합니다.

4. 주님의 기도 1번, 성모송 10번, 영광송 1번을 바칩니다.

5. 같은 방식으로 2단, 3단, 4단, 5단을 바칩니다.

6. 5단에서 영광송을 바친 후, '기도합시다'(56쪽), '희망의 성모 호칭기도'(58-65쪽)를 연이어 바치고, 마지막으로 '마침기도'(66-68쪽)를 바칩니다.

7. 성호경으로 침묵의 묵주기도를 끝맺습니다.

사도신경

전능하신 천주 성부 천지의 창조주를 저는 믿나이다.

그 외아들 우리 주 예수 그리스도님

<u>성령으로 인하여 동정 마리아께 잉태되어 나시고</u>

(밑줄 부분에서 모두 깊은 절을 한다)

본시오 빌라도 통치 아래서 고난을 받으시고

십자가에 못 박혀 돌아가시고 묻히셨으며

저승에 가시어 사흗날에 죽은 이들 가운데서 부활하시고

하늘에 올라 전능하신 천주 성부 오른편에 앉으시며

그리로부터 산 이와 죽은 이를 심판하러 오시리라 믿나이다.

성령을 믿으며 거룩하고 보편된 교회와

모든 성인의 통공을 믿으며

죄의 용서와 육신의 부활을 믿으며

영원한 삶을 믿나이다.

아멘.

주님의 기도

하늘에 계신 우리 아버지,

아버지의 이름이 거룩히 빛나시며

아버지의 나라가 오시며

아버지의 뜻이 하늘에서와 같이

땅에서도 이루어지소서!

오늘 저희에게 일용할 양식을 주시고

저희에게 잘못한 이를 저희가 용서하오니

저희 죄를 용서하시고

저희를 유혹에 빠지지 않게 하시고

악에서 구하소서.

아멘.

성모송

은총이 가득하신 마리아님, 기뻐하소서!
주님께서 함께 계시니 여인 중에 복되시며
태중의 아들 예수님 또한 복되시나이다.

천주의 성모 마리아님,
이제와 저희 죽을 때에
저희 죄인을 위하여 빌어주소서. 아멘.

영광송

<u>영광이 성부와 성자와 성령께</u> (밑줄 부분에서 고개를 숙이며)
처음과 같이 이제와 항상 영원히. 아멘.

1단 겟세마니 순명의 신비

예수님께서 밖으로 나가시어 늘 하시던 대로 올리브산으로 가시니, 제자들도 그분을 따라갔다. 그곳에 이르러 예수님께서는 제자들에게, "유혹에 빠지지 않도록 기도하여라" 하고 말씀하셨다. 그러고 나서 돌을 던지면 닿을 만한 곳에 혼자 가시어 무릎을 꿇고 기도하셨다. "아버지, 아버지께서 원하시면 이 잔을 저에게서 거두어주십시오. 그러나 제 뜻이 아니라 아버지의 뜻이 이루어지게 하십시오." 그때에 천사가 하늘에서 나타나 그분의 기운을 북돋아드렸다. 예수님께서 고뇌에 싸여 더욱 간절히 기도하시니, 땀이 핏방울처럼 되어 땅에 떨어졌다. 그리고 기도를 마치고 일어나시어 제자들에게 와서 보시니, 그들은 슬픔에 지쳐 잠들어 있었다. 예수님께서 그들에게 이르셨다. "왜 자고 있느냐? 유혹에 빠지지 않도록 일어나 기도하여라"(루카 22,39-46).

묵상 안내

예수님처럼, 성모님도 이해할 수 없는 성부의 뜻을 거부하고 싶은 유혹에 시달립니다. 하느님의 모든 약속에 어긋나 보이는 십자가의 어리석음과 끔찍함 앞에서, 두려움으로 가득 차 물러서고 싶습니다. 그럼에도 불구하고 성모님 안의 사랑이 이 모든 것을 이겨냅니다. 성모님의 순명은 주님을 향한 한없는 사랑의 표시이며, 주님과의 되돌릴 수 없는 결속의 표시입니다. 그 참혹한 시간에 마리아는 제자들과 다른 모든 이의 어둠 속에서도 온유하고 굳센 모습을 보여주었고, 사랑을 위해 자유로이 성부의 뜻에 따라 당신 아드님과 함께 못 박혔습니다. 이 여인은, 믿음과 사랑에서 우러나온 경청과 순명으로 거룩한 교회를 비추고 모든 그리스도인의 영혼을 비춥니다.

주님의 기도 1번, 성모송 10번, 영광송 1번

2단 기도의 신비

너는 기도할 때 골방에 들어가 문을 닫은 다음, 숨어 계신 네 아버지께 기도하여라. 그러면 숨은 일도 보시는 네 아버지께서 너에게 갚아주실 것이다(마태 6,6).

묵상 안내

'기도하는 동정녀 마리아'는 '하느님의 어머니'가 지닌 여러 호칭 중 가장 쉽게 떠오르는 호칭 중 하나입니다. 성모님의 겸손한 침묵이야말로 가장 순수한 찬양이며 성모님의 경청과 순명은 강력한 중재기도, 곧 전구입니다. 분명히 말하거니와 누구든지 하느님께 순명하고 그분께 간청하면, 하느님께서 그의 기도를 들어주십니다. 마리아는 하느님의 말씀을 호흡하고 성령 안에서 그 말씀을 성부께 돌려드립니다. 그녀의 온 실존은 "나르드와 사프란, 향초와 육계향, 온갖 향나무"(아가 4,14)의 향기를 내는 잔이었지만, 정작 그녀는 나자렛의 소박한 환경에서 일상의 단순하고 평범한 맛과 냄새만을 알고 있었습니다. 빵과 기름의 향기, 양과 양털 냄새…. 마리아가 집안에서 하는 일들은 모두 주님의 얼굴을 깊이 바라보기 원하는 간절한 마음의 움직임과 같이 흘러갑니다. 기도는 무엇보다도 주님의 얼굴을 바라보고픈 열망입니다. 마리아는 우리에게 기도하라고 가르치지 않습니다. 대신 우리를 성령께 맡기시어 우리가 거룩해지고, 하느님을 경배하고, 하느님의 자비를 찬미하고, 하느님의 영광을 노래하게 하십니다. 기도는 은총의 선물이며 하느님께서 우리 안에서 일하시는 것입니다.

주님의 기도 1번, 성모송 10번, 영광송 1번

3단 예수 그리스도 수난의 신비

아침이 되자 수석 사제들은 곧바로 원로들과 율법학자들, 곧 온 최고 의회와 의논한 끝에, 예수님을 결박하여 끌고 가서 빌라도에게 넘겼다. 빌라도가 예수님께 "당신이 유다인들의 임금이오?" 하고 묻자, 그분께서 "네가 그렇게 말하고 있다" 하고 대답하셨다. 그러자 수석 사제들이 여러 가지로 예수님을 고소하였다. 빌라도가 다시 예수님께, "당신은 아무 대답도 하지 않소? 보시오, 저들이 당신을 갖가지로 고소하고 있지 않소?" 하고 물었으나, 예수님께서는 더 이상 아무 대답도 하지 않으셨다. 그래서 빌라도는 이상하게 여겼다(마르 15,1-5).

묵상 안내

온 세상에 울려 퍼질 말씀은 다름 아닌 나자렛 여인의 침묵 속에서 무르익었고, 그 침묵은 겟세마니와 십자가 위 고통의 밤에, 피의 세례를 받을 때 절정에 달했습니다. 수난 당하는 주님을 쳐다보며 외치는 군중 속 마리아의 침묵, 십자가의 길을 따라 골고타 언덕 위 수많은 시선 속에 아드님을 바라보는 마리아의 침묵. 성금요일과 성토요일의 침묵. 형언할 수 없는 슬픔의 침묵. 아버지의 뜻을 따른 지극한 사랑의 침묵. 마리아의 영혼은 아드님과 함께 지하로 내려가, 강력한 사랑의 힘으로 죽음의 왕국의 어둠을 뚫어 찢어버렸고, 새로운 빛의 광채 속에 생명의 왕국으로 올라갔습니다. 그리고 사람들이 놀라워하며 주님이 살아나셨다고 말했을 때, 정작 성모님은 당신이 이미 보고 들었다는 사실을 아무에게도 말하지 않았습니다. 우리는 침묵 속에서도 다 내어놓고 깨어 기다리신 성모님을 본받아, 야망과 환상에 젖은 꿈을 꾸지 말고, 건강한 현실주의로 인생의 충격적인 상황을 받아들이며, 예기치 않은 순간 주님이 찾아오시는 놀라움에 자신을 열어야 합니다. 성모님에게서 우리는, 그리스도 안에서 살기 위해 죽는 진정한 침묵을 배울 수 있습니다.

주님의 기도 1번, 성모송 10번, 영광송 1번

4단 마리아가 하느님의 외아드님을 돌보신 신비

마리아는 이 모든 일을 마음속에 간직하고 곰곰이 되새겼다(루카 2,19).

묵상 안내

성모님은 이미 하늘의 영광 속에 계시지만, 동시에 지상의 순례자인 우리처럼 고된 길을 걷느라 발은 혹사당하고, 밤낮으로 수많은 인간적 탄식과 괴로움으로 마음은 시달렸습니다. 예루살렘에 두고 온 어린 아들을 찾느라 노심초사했던 사흘 동안의 기억만 떠올려도 충분합니다. 일상의 평범한 실존에서 마리아는 자기 삶의 의미를 아드님의 사람 됨과 연관하여 바라볼 수밖에 없었습니다. 전능하신 하느님께서는 은총의 외아드님을 마리아에게 맡기셨고, 그녀는 오로지 하느님만 의지하며 참으로 가난하게 살면서, 희망 속에서 아들을 키웠습니다. 그 희망의 내용은 잘 정리된 계획 같은 것이 아니었지만, 여전히 그리고 항상 은총의 신비 안에서 마리아는 자기 실존의 모든 순간과 사건을 되새겼습니다.

주님의 기도 1번, 성모송 10번, 영광송 1번

5단 마리아가 믿은 하느님 신앙의 신비

예수님의 십자가 곁에는 그분의 어머니와 이모, 클로파스의 아내 마리아와 마리아 막달레나가 서 있었다. 예수님께서는 당신의 어머니와 그 곁에 선 사랑하시는 제자를 보시고, 어머니에게 말씀하셨다. "여인이시여, 이 사람이 어머니의 아들입니다." 이어서 그 제자에게 "이분이 네 어머니시다" 하고 말씀하셨다. 그때부터 그 제자가 그분을 자기 집에 모셨다(요한 19,25-27).

묵상 안내

지독한 어둠의 시간이 닥쳤고, 그 단단한 희망조차 영영 무너질 것 같았습니다. 모두에게, 심지어 마리아에게도 절망은 바로 한 걸음 앞에 있었습니다. 그럼에도 십자가 아래 서 있는 어머니는 인류의 마지막 희망을 집어삼키려는 죽음의 파도에 맞선 제방이며 성채인 듯 행동했습니다. 끝내 마리아는 예수님과 함께 이겨냈습니다. 자신이 귀 기울여 들었던 말씀, 자신 안에서 이루어졌고 아드님의 심장을 찌른 창에 자신의 마음도 꿰찔리는 가운데 여전히 이루어지고 있는 그 말씀에 줄곧 머물렀습니다. 바로 여기서 생명의 물이 쏟아져 나와 영원한 생명으로 흐릅니다. 이 샘에서 생기를 얻으며 마리아는 사흘째 새벽을 기다릴 수 있었고, 무덤에 갇혀 있던 참생명이 새로이 싹 틀 때에 이슬 같은 눈물을 흘릴 수 있었습니다.

주님의 기도 1번, 성모송 10번, 영광송 1번

기도합시다

오, 침묵의 동정녀이신 마리아님,
영원한 말씀을 태중에 간직하신 이여,
당신 가슴에서 생명의 물이 흘러나오듯
자녀들을 도우시어 사랑의 말씀을 듣게 하소서.

저희 귀를 열어주시어
빛과 사랑이 어우러진 이 아름다운 성화 안에서
사랑의 손길로 저희 삶과 역사를 바꾸시는
그분 목소리에 귀 기울이게 하소서.

오, 경청의 동정녀이신 마리아님,
저희를 도우시어 인생 여정을 보게 해주시고
고유하고 되풀이될 수 없는 방식으로
영원히 저희를 사랑하시는
하느님 아버지의 계획을 보게 해주소서.

오, 마리아님,

저희를 도우시어 하느님이 바라시는 대로

사랑하게 하소서.

그리하여 천사들과 성인들과 함께

영원한 기쁨을 누리며 살게 하소서.

아멘.

희망의 성모 호칭기도

○ 주님, 자비를 베푸소서.
● 주님, 자비를 베푸소서.
○ 그리스도님, 자비를 베푸소서.
● 그리스도님, 자비를 베푸소서.
○ 주님, 자비를 베푸소서.
● 주님, 자비를 베푸소서.
○ 그리스도님, 저희의 기도를 들으소서.
● 그리스도님, 저희의 기도를 들으소서.
○ 그리스도님, 저희의 기도를 들어주소서.
● 그리스도님, 저희의 기도를 들어주소서.

○ 하늘에 계신 천주 성부님,
● 자비를 베푸소서.
○ 세상을 구원하신 천주 성자님,
● 자비를 베푸소서.

○ 위로자이신 천주 성령님,

● 자비를 베푸소서.

○ 삼위일체이신 하느님,

● 자비를 베푸소서.

○ 성모 마리아님,

● 저희와 함께 빌어주소서.

○ 천주의 성모님,

● 저희와 함께 빌어주소서.

○ 침묵의 동정녀이신 마리아님,

● 저희와 함께 빌어주소서.

○ 경청의 동정녀이신 마리아님,

● 저희와 함께 빌어주소서.

○ 지극히 높으신 분의 성막이신 마리아님,

● 저희와 함께 빌어주소서.

○ 온유하고 겸손하신 마리아님,

● 저희와 함께 빌어주소서.

○ 성령의 정배이신 마리아님,

● 저희와 함께 빌어주소서.

○ 산 이들의 모후이신 마리아님,

● 저희와 함께 빌어주소서.

○ 인류의 모후이신 마리아님,

● 저희와 함께 빌어주소서.

○ 믿는 이들의 동정녀이신 마리아님,

● 저희와 함께 빌어주소서.

○ 원죄 없이 잉태되신 동정 마리아님,

● 저희와 함께 빌어주소서.

○ 자비의 모후이신 마리아님,

● 저희와 함께 빌어주소서.

○ 영성생활의 스승이신 마리아님,

● 저희와 함께 빌어주소서.

○ 지극히 아름다운 여인이신 마리아님,

- ● 저희와 함께 빌어주소서.
- ○ 주님의 겸손한 종이신 마리아님,
- ● 저희와 함께 빌어주소서.
- ○ 순명하는 제자이신 마리아님,
- ● 저희와 함께 빌어주소서.
- ○ 간구하는 동정녀이신 마리아님,
- ● 저희와 함께 빌어주소서.
- ○ 신앙의 순례자이신 마리아님,
- ● 저희와 함께 빌어주소서.
- ○ 희망의 문이신 마리아님,
- ● 저희와 함께 빌어주소서.
- ○ 자선의 모범이신 마리아님,
- ● 저희와 함께 빌어주소서.
- ○ 온유한 모후이신 마리아님,
- ● 저희와 함께 빌어주소서.
- ○ 공로의 동정녀이신 마리아님,
- ● 저희와 함께 빌어주소서.

○ 감사의 동정녀이신 마리아님,

● 저희와 함께 빌어주소서.

○ 우리 평화의 모후이신 마리아님,

● 저희와 함께 빌어주소서.

○ 지극히 거룩하신 마리아님,

● 저희와 함께 빌어주소서.

○ 지극한 기쁨의 모후이신 마리아님,

● 저희와 함께 빌어주소서.

○ 육화된 말씀의 모후이신 마리아님,

● 저희와 함께 빌어주소서.

○ 한없이 겸손한 어머니이신 마리아님,

● 저희와 함께 빌어주소서.

○ 그리스도의 어머니이신 마리아님,

● 저희와 함께 빌어주소서.

○ 교회의 빛나는 성상이신 마리아님,

● 저희와 함께 빌어주소서.

○ 십자가 아래 충실한 여인이신 마리아님,

- 저희와 함께 빌어주소서.
○ 한없이 감미로우신 어머니 마리아님,
- 저희와 함께 빌어주소서.
○ 바다의 별이신 마리아님,
- 저희와 함께 빌어주소서.
○ 감사의 마리아님,
- 저희와 함께 빌어주소서.
○ 은총의 통로이신 마리아님,
- 저희와 함께 빌어주소서.
○ 나자렛의 동정녀이신 마리아님,
- 저희와 함께 빌어주소서.
○ 마니피캇의 여인이신 마리아님,
- 저희와 함께 빌어주소서.
○ 성토요일의 성모 마리아님,
- 저희와 함께 빌어주소서.
○ 위로의 어머니이신 마리아님,
- 저희와 함께 빌어주소서.

○ 카르멜산의 어머니이신 마리아님,

● 저희와 함께 빌어주소서.

○ 교회의 어머니이신 마리아님,

● 저희와 함께 빌어주소서.

○ 모든 성인의 모후이신 마리아님,

● 저희와 함께 빌어주소서.

○ 평화의 모후이신 마리아님,

● 저희와 함께 빌어주소서.

○ 가정의 모후이신 마리아님,

● 저희와 함께 빌어주소서.

○ 하느님의 어린양, 세상의 죄를 없애시는 주님,

● 저희를 용서하소서.

○ 하느님의 어린양, 세상의 죄를 없애시는 주님,

● 저희의 기도를 들어주소서.

○ 하느님의 어린양, 세상의 죄를 없애시는 주님,

● 자비를 베푸소서.

○ 천주의 성모님, 저희를 위하여 빌어주시어

● 그리스도께서 약속하신 영원한 생명을 얻게 하소서.

◎ 아멘.

마침기도

주 예수 그리스도님,
당신 현존 앞에서
제가 아는 모든 청년을
당신 사랑의 성배 속 성혈에 적시나이다.
그들의 꿈과 그들의 바람을,
그들의 기대와 그들의 희망을
당신 성혈에 적시나이다.

그리스도의 사랑으로 불타오르는
모든 젊음을 위하여 비오니,
그들이 매일 삶의 이유를 다시 발견하고
'다른 사람을 위하여' 살 수 있게 하소서.

놀라우신 성부여,
눈에 넣어도 아프지 않을 소중한 보물인 청년들에게

삶의 경이로움과 믿음의 은총과
사랑의 불길과 희망의 기쁨을 선물로 주소서.

자비로 가득하신 성부여,
삶의 의미, 눈 속의 빛, 마음의 평화를 잃은
모든 젊은이를 기억하소서.

당신께 맡기는 제 삶이 사랑의 노래가 되어
제가 만나는 모든 이를 위해
새로운 성모 찬송을 부르게 하소서.

온유하고 아늑하신 동정 마리아님,
당신께 전구하오니,
"말씀하신 대로 저에게 이루어지기를 바랍니다" 하신
당신 순명의 의미가 젊은이들의 마음속에서도,

당신 사랑이 지닌

소명과 고유함에 어우러져

십자가 위 하느님의 어리석은 사랑의 교향곡에

화답하는 노래가 되게 하소서.

끝으로,

선한 목자이신 주님께 청하오니

성령의 도우심과

모든 성인의 전구로

저희가 기뻐 환호하며

인생의 산을 오르게 인도하소서.

그리하여 하늘 길 따라

'영원'이라는 정상에 올라

해질 녘 없이 동틀 녘만 있는 그곳에서

영원한 빛을 끝없이 누리게 하소서.

침묵의 성모
프란치스코 교황의 성모 신심

서울대교구 인가: 2019년 9월 26일
초판 1쇄 펴낸날: 2020년 5월 1일
5쇄 펴낸날: 2024년 11월 3일
펴낸이: 나현오
지은이: 에밀리아노 안테누치
옮긴이: 이진현
펴낸곳: 성서와함께
06910 서울특별시 동작구 흑석로13길 7
Tel (02)822-0125~7 / Fax (02)822-0128
http://www.withbible.com
e-mail: order@withbible.com
등록번호 14-44(1987년 11월 25일)

ⓒ 성서와함께 2020
성경·전례문 ⓒ 한국천주교중앙협의회, 2020.

ISBN 978-89-7635-359-7 93230

* 이 책에 실린 내용은 펴낸이의 허가 없이 전재 및 복제할 수 없습니다.

침묵의 성모
프란치스코 교황의 성모 신심

© 2018 Effatà Editrice, Via Tre Denti 1, 10060 Cantalupa(Torino), Italy.
Translated from the Italian edition, titled *LA VERGINE DEL SILENZIO* by Emiliano Antenucci

Translated by Jin Hyon Lee
Korean translation copyright ⓒ 2020 Living with Scripture Publishers, Seoul, Korea.

〈침묵의 성모〉 성화에 대한 자세한 정보는 www.verginedelsilenzio.org 에서 찾아볼 수 있습니다.